Hildegard Giegerich

Warum sollst Du glauben, dass Du Liebe bist!

Copyright: © 2017 Hildegard Giegerich
Umschlag & Satz: Erik Kinting

Verlag: tredition GmbH, Hamburg
Printed in Germany

Bibliografische Information der Deutschen Nationalbibliothek:
Die Deutsche Nationalbibliothek verzeichnet diese
Publikation in der Deutschen Nationalbibliografie;
detaillierte bibliografische Daten sind im Internet
über http://dnb.d-nb.de abrufbar.

Du bist Liebe, lebe sie!

Jedes Lebewesen wird geboren, aber wie es zustande kommt, kann einem niemand so recht erklären, stimmt`s? Also fing ich an (als mir einmal eine liebe junge Dame erklärte, dass wir alle Liebe sind), mich damit näher zu beschäftigen.

Wie kommt ein Körper zustande? Ja, wie? Also, es treffen sich das Ei aus den Eierstöcken einer Frau und der Samen des Mannes und werden eins. Richtig! Und jetzt: Das ist der Anfang eines menschlichen Körpers. Etwas Wundervolles geschieht ... keiner sieht es, keiner hört es, alles geht ganz still vor sich. Selbst die Frau weiß noch nicht, dass sie Mutter wird. Das Herz des kleinen Embryos fängt an zu schlagen, denn neues Leben ist entstanden.

Noch immer weiß niemand davon, denn es ist noch Zeit bis zur nächsten Eiabstoßung, der Menstruation, dabei ist der kleine Körper schon fleißig am Wachsen. Er ist in einer sicheren Hülle, genannt *Gebärmutter*, wird durch die Plazenta ernährt und wächst von

Minute zu Minute – nicht vorstellbar, aber das ist Realität. Man stelle sich vor, dass unser Körper im Wasser seinen Anfang genommen hat, sich dort entwickelte, um bis zur Geburt ein vollständiger Mensch zu sein. Informiere Dich weiter, wenn Du willst, um tiefer in dieses Wunder einzusteigen, das man selbst einst war und immer noch ist.

Es gibt Frauen, die spüren: *Etwas stimmt bei mir nicht.* Müdigkeit, Unwohlsein, Stimmungsschwankungen ... es ist einfach anders als sonst. Die Brüste werden fester, der Brustwarzenhof dunkler ... Irgendwann fängt es an zu dämmern, was es vielleicht sein könnte: *Vielleicht bin ich schwanger?* Nun werden die Tage gezählt. Doch da ist das Wunder der Liebe längst geschehen.

Sobald sich Ei und Samen treffen, entsteht eine Anziehungskraft – ich nenne es *Liebe* – und aus *zwei* wird *eins*. Das ist auch bei Mehrlingsgeburten nicht anders! Vereint wandern die beiden, eins geworden, in die Gebärmutter, die ja nun für Monate ihr kleines Zuhause ist, und suchen sich dort ein Plätzchen, um ungestört ihre Vereinigung zu feiern – für ein gemeinsames Leben.

Weißt Du, lieber Leser, was mir dabei aufgefallen ist? Ganz gleich welchen Rang, Namen und Titel ein Mensch hatte, hat oder haben wird, ganz gleich, von wem Ei und Samen stammen: der Weg der Entwicklung ist derselbe, auch bei künstlich erzeugten Schwangerschaften. Denke darüber nach, es lohnt sich. Dann begreifen wir, dass wir ALLE – auch hier wieder ganz gleich welchen Namen, Titel oder Rang man hat – das eine Leben sind, denn alle gingen den gleichen Weg, um ein Menschkind, ein Kind des Lebens zu werden. Auch wenn die Begeisterung sich bei werdenden Eltern oft in Grenzen und hält: Das Menschwerden in der Stille ist ein Akt der Liebe.

Was ist das für eine Liebe, fragst Du Dich vielleicht und ich sage Dir: Das ist die Liebe des Lebens, die in allem ist – sie ist bedingungslos; sie gibt, ohne zu erwarten. Ja, und genau hier liegt das Problem. Das Leben wird aus der Sicht der Wirtschaftlichkeit gesehen, das wird ja überall verkündet, das hat mit Liebe und Leben rein gar nichts zu tun. Denn die Wirtschaft benutzt das Leben, ja, sie versklavt den Menschen; nicht um der Liebe willen, sondern um Gewinne zu erzielen – und das schon vom Mutterleib an. Der Mensch wurde und wird sich selbst immer fremder.

Das fängt schon vor der Geburt an, denn sobald die Schwangerschaft festgestellt worden ist, gehört man zu einem gewissen Wirtschaftszweig, um dort maximale Gewinne einzuspielen. Hier geht es nicht um Liebe oder Leben, hier geht es darum, Geld zu erwirtschaften – für Ärzte, Babyausstatter, Versicherungen … jeder mischt mit. Von der Wiege bis zur Bahre, Formulare. Und warum. Es ist die Macht der gemachten Gesetze zur Kontrolle. Was aber ist mit dem kleinen Menschen, der das Licht dieser wunderbaren Erde erblickt, die sich einmal am Tag um die Sonne dreht, der jetzt schon ein Teil dieser Gemeinschaft ist? Denken wir einmal darüber nach, wie viele liebevolle Worte von außen kamen oder kommen, für das kleine Baby, das im Körper der Mutter heranwächst. Hat man als Schwangere einmal gesagt bekommen: *Wie wundervoll, in Dir wächst das Leben der Liebe!* Lasst uns alle damit beginnen, uns als eine Schöpfung des Lebens und der bedingungslosen Liebe zu sehen, die keine Erwartung an einen anderen stellt.

Natürlich gibt es Grundregeln, wenn man in einer Familie aufwächst, wo das Leben geachtet und bewusst vorgelebt wird. Dann, ja, dann ist es möglich, ein Leben der bedingungslosen Liebe zu erfahren, das heißt zu geben, ohne zu erwarten. Denn wenn wir Menschen aus unserem Herzen leben, das Leben lieben, achten und ehren, sind wir voller Liebe zu allem, was ist, vor allem zu uns selbst. Und wer sich selbst liebt, kann auch andere lieben.

Aber wir können uns selbst oft nicht ausstehen, verlangen aber, das andere uns lieben. Hier beginnt die Krux von vielen Krankheiten, Ängsten usw. Das Leben ist zu einem gesellschaftlichen, mit Gesetzen und Pflichten zu erfüllenden Sein oder besser gesagt Schein geworden. *Nur wenn Du so bist oder wirst, wie wir es Dir vorgeben, kannst Du in der Gesellschaft bleiben.* So ist es auch in den meisten Religionen. Gesellschaft heißt: *Einer von ALLEN.* In den meisten Fällen aber: *Keiner für den ANDEREN.* Das ist die Liebe der Erwartungen. Nur wenn Du so bist, wie ich Dich möchte, wirst Du geliebt. Was ist das für eine Liebe, für die zuerst Bedürfnisse erfüllt werden müssen? Was ist, wenn man die Bedürfnisse nicht mehr erfüllen kann, ganz gleich aus welchem Grund?

Bedingungslose Liebe hält die Hand, gibt ohne zu erwarten, hilft, schützt, unterstützt, umarmt, gibt Liebe und Wärme, wenn es ein anderer braucht!

Die gesellschaftliche Liebe (ich nenne sie so) gibt oft nur, wenn sie den größten Nutzen erwarten kann. Hand halten ja, aber nicht umsonst. Helfen ja, der Stundenlohn ist … Schützen? Stell Dich nicht so an … Unterstützten? Sorry, jetzt nicht, ich habe keine Lust. Events sind wichtiger, denn wenn man nicht überall dabei ist, wird man womöglich ein Außenseiter. Was ist, wenn Du wirklich einmal in Deinem Leben an einen Punkt kommst, wo nichts mehr geht? Denke darüber nach! Ich kann Dir sagen: Gesegnet ist der Mensch, der dann einen anderen an seiner Seite hat, auf den er sich verlassen und dem er vertrauen kann. Aber wehe, man hat niemanden!

Das Wunder

Wenn wir alle, die Liebe in uns tragen, von Geburt an als *Wunder* bezeichnet werden, was ja auch stimmt, wer nimmt sich da das Recht heraus, über einen anderen zu verfügen? Man nimmt sich das Recht nicht, sondern wir geben das Recht ab, so wurde und wird uns das vorgelebt und beigebracht. Wir machen ein Kreuz und der Politiker hat die Macht, uns durch Gesetze zu entmachten.

Es beginnt bei der Geburt. Von da an hat man eine Identifikationsnummer und alles, was das Leben betrifft, kann nun unter dieser Nummer gespeichert werden, da man nichts dagegen tun kann. Das Gleiche in der Religion: Man wird getauft, ungefragt. Nun ist man ein Bürger mit Nummer und ein Getaufter, gleich welcher Konfession. Das alles ist Vorgabe des Staates oder der Religion, doch wenn Eltern oder (in der heutigen Zeit) alleinstehende Mütter oder Väter Probleme haben, an wen können sie sich da wenden?

Wir sind mittlerweile eine Gesellschaft geworden, die zwar viel hat, doch in Wirklichkeit total verarmt an Liebe ist. Der Nächste interessiert kaum noch jemanden, die Schablonen, wie man zu sein hat, ändern sich von Zeit zu Zeit – immer schön anpassen, heißt die Devise.

Jeder Mensch ist ein Unikat, das sieht man bei den Fingerabdrücken: keiner gleicht dem anderen und das bei Milliarden von Menschen. Wie gigantisch und großartig die Schöpfung ist, lässt sich daran einmal mehr erkennen. Nicht nur, dass der Mensch aus unzähligen Zellen (angeblich 100 Billionen, ich habe sie nicht gezählt) besteht, sondern auch noch jede Zelle ihren Auftrag kennt. Ob Blutzelle, Gehirnzelle, Leber-, Galle-, Knochen-, Hautzelle: Jede Zelle kennt ihren Auftrag im Körper *ihres* Menschen. Faszinierend, diese wunderbare Erde mit all ihren Lebewesen, ganz gleich ob im Wasser, an Land oder in der Luft. Diese unendliche Vielzahl und jedes Lebewesen ein Unikat ... gigantisch.

Ich liebe diese herrliche Welt mit all ihren vielen Facetten, mit der Vielfalt an Blumen, Bäumen, Gräsern, Sträuchern, Tieren in unendlicher Vielzahl, Mineralien, Gewässern, die Gestirne des Himmels, die unendliche

Weite, wenn ich am Meer stehe, und die wundervolle Nähe einer liebevollen Umarmung.

Das Leben ist voller Wunder jeden Augenblick anders, deshalb liebe ich Kaleidoskope: Bei einer leichten Drehung habe ich immer ein ganz anders Bild mit dem gleichen Inhalt.

Die Kunst zu denken

So ist das mit unserem Denken: Bei einer geringen Veränderung kommt ein ganz anderes Resultat heraus. Vielleicht ist unser Gehirn mit einem Kaleidoskop zu vergleichen: Einmal schütteln und ... Aber Spaß beiseite, ich habe schon oft die Erfahrung gemacht, vor allem wenn man den Gedanken freien Lauf lässt. Beobachtet man das Denken einmal wie ein Zuschauer, dann kommt vielleicht der eine oder andere zu der Erkenntnis: *Geht's noch?* Dann wird einem immer mehr klar, warum alles so ist, wie es ist. Dazu kommen inzwischen auch noch die vielen Informationen, von allen Seiten, 24 Stunden am Tag. Wir finden keine richtige Ruhe mehr, um uns seelisch und körperlich zu erholen. Der Urlaub, auf den man das ganze Jahr hinarbeitet, wird von Menschen geplant, die unter dem gleichen Druck stehen wie die Menschen, die sich auf den Urlaub freuen. Das Bespaßen der Menschheit wird immer verrückter, der stille Suchende findet kaum noch Stille und wer etwas erleben will, möchte alles, so weit es nur geht – grenzenlos.

Schau Dir einmal in aller Ruhe, wenn es möglich ist, einen Sonnenaufgang an. Hier geschieht vor unseren Augen, jeden Tag, etwas Wundervolles. Vorweg: Die Erde dreht sich um die Sonne. Still geht das Ganze vor sich, obwohl die Erde sich mit einer wahnsinnigen Geschwindigkeit dreht und wir Erdbewohner, ganz gleich welcher Art, zu Wasser, Land oder Luft, bekommen davon nichts mit, außer durch die Verschiebungen von Sternen. Am deutlichsten zeigen uns das die Sonne, mit dem unterschiedlichen Stand, und der Mond, mit seinen Phasen von abnehmendem, zunehmendem, Voll- und Neumond. Ganz zu schweigen von Mond- und Sonnenfinsternissen. So gigantische Ereignisse in aller Stille!

Stürme sind ein Naturereignis mit unendlichen Entladungen von Energien und einer immensen Lautstärke durch Reibung. So, wie es oft in der ganzen Menschheit geschieht, in Form von Kriegen, im großen wie im Kleinen.

Die Schöpfung

Der Frühling zeigt es uns jedes Jahr aufs Neue: Niemand tut was und die Natur erwacht, wenn die Zeit da ist, aus ihrem Winterschlaf. Blüten ohne Ende, Blattgrün nicht zählbar – wo war das? Wie kommt aus einem kleinen Samen eine wunderschöne Pflanze? All die kleinen und großen Tiere, die überwintert haben, in Höhlen, Kokons, Baumrinden … unendlich ließe sich das fortsetzen.

Egal wie lang oder wie kalt ein Winter ist, immer wieder ist die Fülle der Schöpfung, ganz besonders im Frühjahr, zu bewundern. Wenn der Duft des frischen Grases sich verbreitet, der Wind die Düfte der Blüten durch die Luft trägt, die Sonne immer höher steigt und man ihre Wärme auf der Haut spürt – ist das nicht alles voller Wunder?

Hier können wir sehen, dass die Schöpfung einmalig, wundervoll und gigantisch ist – und wir sind ein Teil davon! Ja! Du und ich sind ein Teil dieser wundervollen Schöpfung und deshalb sollten wir den größten Respekt vor uns selbst haben und uns lieben, so wie wir sind, mit unseren Stärken und Schwächen.

Aber was ist stark und was ist schwach? Alles ist relativ. Wertungsfrei leben, das wäre es! Aber es muss ja alles gewinnbringend sein, koste es, was es wolle! Das *Wunder Mensch,* das keiner erschaffen kann und das geschieht, weil es geschieht, wird nicht als das betrachtet, was es in Wirklichkeit ist. Die Liebe zur Natur haben ganz viele Menschen verloren, auch den Bezug zur Nutzung dessen, was die Erde alles hervorbringt. Wir konsumieren, ohne uns Gedanken zu machen, was dabei herauskommt. Ich gehöre auch dazu, bin aber auf dem Weg der Besserung.

Wenn wir anfangen alles zu hinterfragen, öffnen sich uns Türen. Unsere Informationsmöglichkeiten sind unbegrenzt und die meisten von uns können lesen und schreiben; es gibt auch jede Menge Hörbücher. Es gibt also keine Ausreden für mangelndes Nachfragen.
Eigenverantwortung ist der Anfang. Die Macht des eigenen Seins nicht an andere abzugeben. Menschen, die sich selbst lieben und respektieren, tun das anderen gegenüber ebenfalls. Jetzt könnte hier an dieser Stelle ein altbekanntes Zitat folgen: *Was Du nicht willst,*

das man Dir tu … oder *So wie Du gibst, so emp-fängst Du … Was Du säst, das erntest Du …* Vielleicht fällt Dir auch noch etwas ein.

Ganz gleich, in welcher Position Du bist: Bedenke, wir alle sind Teil dieser gigantischen Schöpfung. Dein Gegenüber ist Dein Bruder, Deine Schwester, wir atmen alle die gleiche Luft und leben alle unter demselben Himmel, der auch im Übrigen in uns ist. Glaubst Du nicht? Mach Dich auf die Suche, sei Dir sicher, Du findest ihn, spätestens dann, wenn im Außen nichts mehr zu finden ist.

Dann wenn die Wiederholungen im Leben immer öfters langweilig werden, Gespräche immer leerer, die Routine nervig wird und das Herz sich weigert dem Kopf weiterhin zu folgen, dann ist die Zeit für Neues – aber wie? Mache Dich auf die Suche nach Deinem eigenen Selbst! Gib nicht auf, wenn es anfängt, das bringt doch nichts, dann gönne Dir eine Atempause des süßen Nichtstuns! Wenn man sich getrieben fühlt im Leben, dann ist das die größte Lernphase: ein Mal gar nichts zu tun. Ich weiß, wovon ich spreche. Wenn in meiner *gedachten* arbeitswütigen Zeit der Tag 48

Stunden gehabt hätte, ich hätte es fertig gebracht, sie mit Arbeit zu füllen, denn meine Generation wurde nur an Fleiß gemessen. Das Resultat kann ich auch beschreiben: Burn-out im höchsten Grade mit allen dazu gehörenden Symptomen, medikamentös nicht zu behandeln. Schlaf gibt es nicht auf Rezept und Arbeit nimmt einem auch keiner ab, oder hast Du eine andere Erfahrung gemacht als ich?

Glücklich miteinander

Suche Dir Menschen, mit denen Du lachen kannst, aber nicht auf Kosten anderer, denn ein Missgeschick kann jedem passieren. Ich lache am meisten über mich selbst, ich bin mir auch mein bester Freund beziehungsweise meine beste Freundin. Ich bin gerne bei mir selbst, was die wenigsten nachvollziehen können. Ich verstehe mich, ja, und heute kann ich sagen: *Ich liebe mich.* Es hat Jahrzehnte gebraucht, mit all meinen Stärken, meinen Schwächen meinen Pfunden und meinen vielen Erfahrungen klarzukommen, ganz gleich welche!

Ganz egal welchen Beruf Du ausübst, halte Deinen Vertrag ein, den Du abgeschlossen hast. Lese ihn gut durch. Wenn Du Fragen dazu hast, frage (ein weiser Mann wurde gefragt, woher er so viel wisse, seine Antwort lautete: »Ich habe mich nie gescheut zu fragen!«), kläre alles im Vorfeld und wisse aber auch, dass Dein Job nicht bedeutet, rund um die Uhr erreichbar zu sein. Arbeit ist Arbeit, Privat ist Privat, fertig. Kein Arbeitgeber zahlt

24 Stunden, er hält sich an den Vertrag – und Du? Wenn Du mutig bist, frage Deinen Chef, ob er für Dich 24 Stunden zu erreichen ist!

Wenn Du mit Menschen zu tun hast, dann stell Dir vor, Dein Gegenüber ist Dein Bruder, Deine Schwester und gib Dein Bestes. Wie weit das geht, entscheide selbst. Glaube mir, es lohnt sich, denn: *Ein ruhiges Gewissen ist ein sanftes Ruhekissen.* (Ein alter Spruch, hat aber nach wie vor seine Gültigkeit.)

Alle Vorschriften, die Du vorgesetzt bekommst, sind das eine, Eigenverantwortung ist das andere. Wenn es brennt, stehst Du in der Regel alleine im Feuer, um es zu löschen! Dann war das, was Du verstanden hast, ein Missverständnis. Begreife: Alles ist eine Sache der Definition.

Im Übrigen ist das Herzgefühl der beste Wegweiser. Ein schlechtes Gefühl ist auch ein Wegweiser – unterscheide weise! Erwartungen sind meist mit Enttäuschungen verbunden, denn im Moment wird viel geredet beziehungsweise versprochen, und am Schluss stellt sich das meiste als heiße Luft heraus. Selbst führende Menschen, denen man Vertrauen entgegengebracht hat, durch ein Kreuz, sagen einfach: *Was geht mich mein Geschwätz von gestern an?* Wie sieht das dann mit Gesetzen aus, die sie machten? Auch Schnee von gestern?

Eins kann ich mit Sicherheit behaupten: Den wenigsten Versprechen kann man vertrauen, weil auch hier alles eine Sache des Verstehens beziehungsweise des Auslegens ist, das ist meine persönliche Erfahrung. Aber auch diese Erfahrungen waren für mich sehr hilfreich, denn ich fing dadurch an, vieles zu hinterfragen. Lange habe ich gebraucht, nicht mehr alles zu glauben, weil ich immer von mir ausgegangen bin beziehungsweise von dem, was mein Verstand mir eingeredet hat. Das war mein größter Irrtum in meinem Leben. Heute weiß ich: Sieben Milliarden Menschen bedeutet, es gibt ebenso viele Meinungen und Möglichkeiten, Sichtweisen und Lösungen. Wenn man bedenkt, dass eine einzige Bibelstelle auf 75 unterschiedliche Weisen ausgelegt werden kann ... So wurde mir das einmal erklärt, von jemanden, der es eigentlich wissen muss. Na dann ...

Und jetzt bilde Dir Deine eigene Meinung und schaue Dich um, hinterfrage, höre zu und unterhalte Dich mit anderen. Schnell wirst Du feststellen, dass jeder zu einem Thema eine andere Meinung hat. Macht nichts, das nennt man *Vielfalt*. Es gibt viele Blumen auf dieser Welt, doch keine gleicht der anderen, nicht einmal die von der gleichen Sorte, selbst hier hat jedes Blatt und jede Blüte ihre Individualität. So ist es bei Tieren: es gibt eine gigantische Vielzahl und jedes Tier ist einzigartig, so wie auch der Mensch ein individuelles Wunder ist.

Schau Dich um, hebe Deinen Kopf, sieh die Sterne, den Mond, die Sonne. Durch die Medien ist es heute kein Problem mehr, auf viele Fragen eine Antwort zu bekommen. Solltest Du zu einer Frage mehrere Antworten bekommen, dann treffe eine Entscheidung. Hätte mir doch einmal als Kind jemand erzählt, dass aus einer Raupe ein Schmetterling wird. Aber vielleicht wussten die Menschen um mich herum es selber nicht. Ich bin unendlich froh und dankbar, dass ich in einem Zeitalter lebe, mit so vielen Möglichkeiten alles zu hinterfragen.

Mein Opa war für mich ein wundervolles Vorbild und ich bin sehr dankbar, dass er da war. Mit seiner stillen und liebevollen Art vermittelte er uns, seinen Enkelkindern, großen Respekt vor der Schöpfung. Von ihm wurde weder Mensch noch Tier gequält. Er lebte im Einklang mit der Natur, alles hatte seine Zeit und er ließ auch allem seine Zeit. Das hieß aber nicht, jeder machte was er wollte – in einer Gemeinschaft gibt es Regeln und wenn man sich gegenseitig respektiert und wertschätzt, so hat alles seine Ordnung und ist ein in sich stimmiger Ablauf, auch wenn es manchmal nicht so aussieht, denn:

Alles hat seine Zeit

Erwarte nichts von einem anderen, was Du nicht selbst zu geben oder zu tun bereit bist. Solltest Du Deinen eigenen Ansprüchen nicht genügen, dann kannst Du es auch nicht von anderen erwarten. Wenn man versucht, so durchs Leben zu kommen, verliert man sich selbst. Wenn der andere spürt, dass er ausgenutzt wird, ist er enttäuscht und zieht sich zurück. Du machst Dich zu einem Abhängigen und Du hast Du ihn zu einem Abhängigen gemacht, in welcher Weise auch immer, so ist es kein liebevolles Miteinander, sondern ein Abhängigkeitsverhältnis. Auf lange Sicht gesehen ist das ein Unglücklichsein auf beiden Seiten – oder Trennung. Das gilt privat wie geschäftlich: Was Du einem anderen antust, tust Du Dir selber an! Die Lebensenergie ist in allem, was ist!

Auch hier lohnt es sich, sich seine eigenen Gedanken zu machen und vielleicht kommt einem da das eine oder andere in Erinnerung, warum es so war, wie es war, oder so ist, wie es ist!

In unserer Gesellschaft ist der Mann in ganz vielen Positionen der Herr. *O mein Herr, hast Du vergessen, das in Deiner Mutter, einer Frau, Dein Körper heranwuchs?* Also aus meiner Sicht ist das falsch und das bestätigt sich ja durch jeden Menschen, ob Frau oder Mann: Beide tragen das Leben in Form von Samen und Ei in sich. *Mein lieber Herr, Du trägst in Dir weiblichen und männlichen Samen, ebenso trägt die Frau ein Mädchen oder einen Jungen in ihrer Gebärmutter, wieso also diese weibliche Unterdrückung in unserer Gesellschaft und Religion, mein Herr, ganz gleich welchen Namen oder Titel Du hast, Dich hat eine Frau geboren, Du warst eins mit ihr, erst die Nabelschnur trennte Euch voneinander.*

Erst wurden aus zwei eins und dann werden aus zwei drei oder auch manchmal mehr – bei Mehrlingsgeburten. Also Gleichstellung wäre in unserer Gesellschaft erste Priorität, vor allem Wertschätzung und Respekt. Alles ist ein Wunder des Lebens. Die Ausrede lautet: *Das war schon immer so.*

Ja, die Frau wurde mundtot gemacht und somit war und ist sie geringer als der Mann. Stelle Dir vor, Du wärst eine Frau, eine Dienerin und Lustobjekt eines Mannes – und jetzt? Auch hier finde ich in unserer Gesellschaft schon viele Männer, die anders denken und handeln, die ihre Babys von Anfang an wickeln und füttern, im Haushalt helfen und mehr. Das sind keine *Luschen*, sondern Männer, die Verantwortung übernehmen. Das sind gleichwertige Partner.

So sollte es auch sein, denn heute haben die meisten Frauen einen Beruf und somit eine Stimme und das, finde ich, ist der Weg zu einer Partnerschaft, ganz gleich in welche Sparte des Lebens. Die Doppelbelastung ist für jede Frau eine große Herausforderung. Wer es nicht glaubt, der mache es selbst, damit er weiß, von was er spricht. Das selbst auszuprobieren ist aus meiner Sicht eine supergute Empfehlung, denn was ich selbst getan habe, macht uns um Erfahrungen reicher und lässt einen oft zu einer anderen Meinung kommen, als das reine Nachgeredete. Vor allem kämpfen viele Frauen mit ihrem Gewissen, ob sie richtig handeln, ganz besonders ihren Kindern gegenüber. Zu der Doppelbelastung kommt dann noch die seelische Belastung hinzu. Hilft man sich gegenseitig in der Partnerschaft, ist vieles einfacher und auch umsetzbar, trägt einer alleine zu viel Last, sind größere Probleme nicht auszuschließen (vorsichtig ausgedrückt).

Ein liebevolles Miteinander ist ein großer Garant für eine liebevolle Gemeinschaft, das gilt für alle Bereiche unseres Lebens. Liebevolles Miteinander bleibt in den meisten Beziehungen auf der Strecke – warum? *Alles, was nichts kostet, ist nichts wert.* Alter Spruch, oder? Wenn eine Beziehung beginnt, ist kein Weg zu weit – Blumen und Geschenke, Essen gehen … alles mit Geld und viel Zeit verbunden; kuscheln, liebevolle Berührungen, ein zärtlicher Blick, eine liebevolle und herzliche Umarmung, zuhören, ohne dass man sich rechtfertigen muss, einfach Spaß miteinander haben … alles Dinge, die nichts kosten. Und genau die werden – scheinbar, weil sie nichts kosten – immer mehr vernachlässigt, bis dann eben gar nichts mehr da ist, außer dem Alltag mit seinen Pflichten. Das muss nicht überall so sein, doch das ist das Problem in den meisten Beziehungen im Laufe der Jahre. Schade, alles wäre leichter, wenn man die kostenlose Variante des *Miteinander-glücklich-Seins* leben würde. Ich betone: <u>kostenlos</u>. Wäre Liebe mit Kosten verbunden, hätte sie vielleicht einen anderen Stellenwert. Schade!

Auch das gemeinsame Älterwerden ist eine Herausforderung. Wenn das Arbeitsleben zu Ende ist, die Kinder ihren eigenen Weg gehen ... Die Enkelkinder heute sind anders, als wir damals, und das ist gut so, sonst hätte sich ja nichts weiterentwickelt. Alleine schon die Schulzeiten und das viel spätere Eintreten in das Berufsleben. Auch Oma und Opa sind heute nicht mehr so gefragt wie vor 50 Jahren, davon abgesehen: Auch die haben sich verändert.

Heute muss man flexibel sein, zum Beispiel durch Ortsveränderungen. Das kenne ich noch aus meinem eigenen Leben. Im Zonenrandgebiet waren Arbeitsplätze Mangelware, in den 70er- und 80er-Jahren, genaugenommen heute noch – das Dörfersterben kommt nicht von ungefähr.

Die Großfamilie als solche gibt es nicht mehr, die meisten wollen getrennt wohnen. Wobei ich sagen muss: Um Jung und Alt in der heutigen Zeit unter einen Hut zu bringen, braucht man eine hohe Toleranzschwelle – von beiden Seiten!

Der schnelle Fortschritt der Technik hat Vor- und Nachteile, wobei ich sagen muss: Ich liebe die Vorteile. Als es noch keine Waschmaschinen gab, wurde alles mit der Hand gewaschen, gekocht wurde stundenlang, da ging schon einige Zeit dahin, bis das erledigt war; heute haben wir Spülmaschine, Waschmaschine, Trockner ... Die Technik hat in den letzten 50 Jahren wahnsinnige Entwicklungen gemacht, aber nicht nur gute, und man kann gespannt sein, wie das weitergeht.

Doch ganz gleich, was alles erfunden wird: Der Mensch ist und bleibt ein Wunder Gottes. Alles kann künstlich befruchtet werden, doch die Grundsubstanz allen Lebens ist und bleibt dieselbe.

Man sollte sich Zeit nehmen und seine Atmung beobachten. Hier findet im Normalfall ein Automatismus statt, ohne jeglichen Selbsteinfluss. Ein Neugeborenes, wie wir alle einst waren, beginnt nach der Durchtrennung der Nabelschnur zu atmen – alleine darüber nachzudenken lohnt sich schon: Wie das wohl geschieht?

Wie ist das eigentlich, wenn wir schlafen? Alles in unserem Körper funktioniert weiter: Herzschlag, Atmung, Blutkreislauf ... zwar im Erholmodus, aber der Körper arbeitet, ohne dass jemand etwas tun muss! Gigantisch, oder?

Warum erzählte uns das alles keiner in unserer Kindheit? Warum wurde uns von den Religionen nicht erzählt, dass wir alle Geschöpfe des Lebens seien, und zwar ausnahmslos ALLE! Bei genauerem Betrachten stelle ich heute fest, dass das alles eine Frage der Macht ist. Denn je weniger das Volk weiß, desto besser lässt es sich führen, von Menschen, die angeblich eine gute Schulbildung haben.

Erlerntes, ohne es ausprobiert zu haben, weiterzugeben, ist das eine. Jemand, der Erlerntes ausprobiert hat und weiß, wie es funktioniert, der kann es einem anderen viel besser erklären als einer, der es nur vom Hörensagen kennt. Wissen ist Macht, sagt man so oft, aber auch nur, wenn das Wissen stimmt!

Der reichste Banker der Welt war einst ein Kind wie Du und ich, der unfehlbare Papst war einst ein Kind wie Du und ich, Könige, Kaiser, Milliardäre, Millionäre, der Bettler unter der Brücke ... alles fing an als Embryo im Mutterleib an, wurde von einer Frau im Leib behütet, beschützt, ausgetragen und kam zur Welt, wie jedes andere Kind dieser Welt auch. Und nach der Geburt war auch das bei allen gleich: der erste Atemzug, das Erlernen von Nahrungsaufnahme, dann die ganze motorische Entwicklung ... Keiner kommt laufend, sprechend oder sonst wie zur Welt, alles geht auch hier seinen Weg, ganz gleich, welchen Status der Mensch hat. Warum also die großen Unterschiede, vor allem aber das *Über-einen-anderen-Verfügen*?

Wie oft habe ich die großen Bauten und die wundervolle Kunst der Welt bewundert, was Menschen da geleistet haben. Diese großen Objekte wurden geplant und das niedere Volk hat das Ganze gebaut – in der Regel als Leibeigene, Knechte oder Sklaven. Heute heißt es *Arbeiter*, es handelt sich aber um nichts anderes als versteckte Knechte oder Sklaven, der Name hat sich geändert, sonst nicht viel! Das heißt für mich, die wahren Helden dieser großen Gebäude sind die Menschen, die dort gearbeitet haben, nicht die, die dann dort einzogen, als Herrscher oder Besitzer. Das arbeitende Volk, vor allem aber Frauen haben nach den Kriegen Dörfer und Städte wieder aufgebaut. Dass es so ist, kann man heute überall nachlesen und in Museen betrachten, dazu gibt es viele Informationen. Auch hier ist das digitale Zeitalter aus meiner Sicht bahnbrechend.

Wieso werden solch große Unterschiede gemacht? Vor allem die Männerwelt kann beziehungsweise will nicht tolerieren, dass eine Frau besser ist. Ich sage nicht alle Männer, aber die allermeisten. Das sind alte Regeln, nach denen heute noch gelebt wird; die Frau, das schwache Geschlecht ... Wie wäre es mit: *Jeder Mensch ist auf seine Weise so wie er ist und das ist gut so*, ohne irgendwelche dummen Phrasen von *Mann* oder *Frau*. Es gibt starke Männer und starke Frauen und es gibt das Gegenteil und das ist völlig in Ordnung. Würde die Gesellschaft hier sehr viel toleranter denken, wären viele Familien, Partnerschaften, Freundschaften, ja das ganze Miteinander viel friedlicher und vor allem freudiger. Wir alle sollten, ja, müssen aufhören uns gegenseitig zu unterdrücken, das ist genau das, was die Mächtigen mit uns machen und das schwächt und zerstört das Miteinander in Familien, Partnerschaften, Firmen und Ländern, das sind die Auslöser aller Konflikte auf dieser Erde und führen zu Kriegen. Kinder, die schon in jungen Jahren ständig beurteilt und verurteilt werden, können nichts anderes weitergeben. Wie wichtig wären hier Menschen, die Liebe und Toleranz vorleben. Atmen wir nicht alle die gleiche Luft, scheint nicht auf alle von uns die gleiche Sonne, wohnen wir nicht alle auf dem Planeten Erde, sehen wir nicht alle den gleichen Mond und den gleichen Himmel? Warum denkt der Mensch, er sei was Besseres oder der andere sei minderwertiger als er? Ist die Entstehung des Menschseins nicht bei jedem die gleiche? Unsere Trennung findet in unserer Denkweise statt. Man stelle sich vor, alle Menschen wären *Big Bosse* – und dann? Oder alle wären Bettler – und dann? In keinem von beiden Fällen hätten wir ein brauchbares Miteinander, also ist es doch die Vielfältigkeit, die uns so Wundervolles zustande bringen lässt. Wenn ein großer *Big Boss* noch so gute Ideen hat, etwas Großes herzustellen, und hat dafür keine Mitarbeiter, kann er gar nicht erst anfangen, weil er nichts zustande bringt. Bestes Beispiel ist unsere Industrie: Wie würde das alles ohne Mitarbeiter gehen? Gäbe es hier eine höhere Toleranzschwelle und ein respektvolles Miteinander, wie viel Menschen gingen mit Freude zur Arbeit. Ein Chef, der auf einen zukommt und sagt: »Danke für Ihre Arbeit, um meine Ideen zu verwirklichen!« wäre sensationell, besonders wenn er seine Mitarbeiter auch entsprechend entlohnt – was wäre das für ein Feeling in diesem Betrieb! Wenn sich ein Mitarbeiter ausgebeutet fühlt, 24 Stunden Bereitschaft von ihm verlangt wird, der Lohn gerade zum Überleben langt, der Chef ihn keines Blickes würdigt, außer auf der Betriebsversammlung, und dort meistens alles schlecht geredet wird, wen wundert es dann, dass Lustlosigkeit und ein Nullbockgefühl durch die Reihen zieht, das Geschäft wirklich schlechter wird? Auch mir ist bekannt, dass die Wirtschaft ein Auf und Ab ist, das ist normal, das versteht ein jeder, aber auch hier kann und sollte man respektvoll miteinander umgehen. Gute Mitarbeiter stehen hinter ihrem Chef, wenn es Probleme gibt, ganz gleich, in welchem Berufszweig. Ein Mitarbeiter, der keine Anerkennung bekommt, dem ist es scheißegal, was mit der Firma passiert. Gute Mitarbeiter brauchen gute Chefs, denn alles beruht auf Gegenseitigkeit. Gute Produkte ziehen zufriedene Kunden an und was wären die Hersteller ohne Kunden?

Was für eine allmächtige Frage für den Endverbraucher! Wir, die Endverbraucher, sind nicht das Zünglein an der Waage, nein, wir sind die Entscheider über Top oder Flop, wir sind Chef am Ende der Herstellungskette: ohne Kunde kein Umsatz, kein Gewinn, keine Steuern, kein flottes Leben auf Kosten anderer. Aber kaum einer weiß das. Du hast mehr zu entscheiden, als Du glaubst. Vor allem sollte man für sein Tun Verantwortung übernehmen und keinen Sündenbock suchen, das gilt für alle in einer Familie, in einem Betrieb, gleich welcher Art, und vor allem im Miteinander: *Was Du nicht willst, dass man Dir tu, das füg auch keinem anderen zu.*

Unsere Gesellschaft wird immer zügelloser, ganz gleich in welchem Bereich des Lebens. Vorsicht: Geld ist ein Tauschmittel, es ersetzt keine warme Hand, keine liebevolle Umarmung, keinen liebevollen Kuss, kein liebevolles Wort; es erfüllt Wünsche, ja, und? Meine Generation wurde nur nach Leistung be- und verurteilt, doch das liebvolle Miteinander blieb in den meisten Fällen auf der Strecke. Es kommt eine Zeit im Leben, wo gerade das das Wichtigste ist: die warme Hand, ein liebevolles Miteinander, sich Zeit zu nehmen nicht nur für Sport und Events, sondern auch für die Mitmenschen. Doch gerade hier liegt die Krux: Die Nachkriegsgeneration kannte nur Arbeit und die heutige Generation wird mit Events und Spielen so zugemüllt, dass jeder Sinn für das Miteinander so gut wie verlorengegangen ist – und jetzt? Vorsicht! Das alles ist, aus meiner Sicht, eine geplante Sache. Zufriedene Menschen, die sich miteinander unterhalten und vor allem die Zeit dafür haben, sind nicht leicht regierbar, denn Zeit, Unterhaltung, Nachdenken über das ein oder andere, führt zu selbstständigem Denken und Tun, das ist absolut zu vermeiden, denn dann sind sie nicht mehr so leicht lenkbar, als wenn sie ständig ums Überleben kämpfen müssen. Ein Knecht sollte Knecht bleiben, damit der Herr die Macht über ihn behält. Es lohnt sich, darüber nachzudenken und eine Entscheidung für sich selbst zu treffen, denn das tut in der Regel niemand für einen, schon gar nicht, wenn es um Probleme geht; gerade hier sind Menschen, die ein liebevolles Miteinander leben, ganz wichtig.

Das Natürliche

Für mich ist das ganze Leben vor allem aber der Mensch eine gigantische und wundervolle Schöpfung. Alles was auf der Erde wächst, besonders im Frühjahr, wenn monatelang alles ohne Blattgrün war, fängt an zu sprießen und zu wachsen, ohne jegliches Zutun, jedes Blättchen ein Wunder. Die Blüten überall ... wo war das bislang? Ach ja, in einer Knospe, in einer Blumenzwiebel, ein kleines Saatkörnchen, ein Pflänzchen, das den Winter über geruht hat.

Wann weiß ein Saatkörnchen, dass es Zeit ist zu wachsen, ein Blatt, dass es Zeit ist aus der Knospe zu sprießen? Die Vögel kommen aus den wärmeren Ländern zurück. Schmetterlinge segeln durch die Luft, der kahle Rosenstrauch in Kürze wieder voller Blätter und Blüten. Das alles ist ein wundervolles Geschehen. Die Sonne wird immer wärmer und steigt höher, so empfinden wir es.

Weißt Du, was mir am wundervollsten vorkommt? Alles geht im Stillen vor sich. Die Erde dreht sich um die Sonne, ganz still, der Mond nimmt zu und nimmt ab, ganz still, ein großer unendlicher Sternenhimmel – alles ganz still. So ist es auch, wenn ein Baby im Bauch heranwächst: das geschieht ganz still. Und alles, was sonst auf dieser Welt im Werden ist, tut das ganz still.

Großartige Wunder geschehen in uns und um uns herum und wir selbst sind ein Wunder des Lebens. Wir brauchen nicht groß zu suchen: fangen wir bei uns selbst an. Ich las, dass unser Körper angeblich aus 100 Billionen Zellen besteht (die aus einer einzelnen Zelle entstanden sind). Sollte es so sein, dann muss man sich einmal bewusst machen, dass jede Zelle ihren Auftrag kennt – wundervoll, oder nicht? Was für ein Symposium der Liebe findet da statt. Wäre hier nicht größter Respekt vor sich selber angebrachter?

Das wäre das Erste, was man einem Kind vorleben müsste: dass es ein wundervolles Geschöpf der Liebe ist. Eltern, die sich selbst achten, ehren und lieben, tun das auch ihrem Kind gegenüber und sind Vorbilder. Solche Eltern ehren auch die ganze Schöpfung, so sollte und müsste es eigentlich sein, aber davon haben wir uns meilenweit entfernt. Durch Be- und Verurteilen sind wir vom Kleinkindalter an diesem ganzen Moloch ausgeliefert und je älter wir werden, desto mehr nimmt das Ganze zu und wir nennen das dann *Leben*! Wir werden so reich beschenkt, durch die Schöpfung, und haben vergessen *danke* zu uns selbst zu sagen und für all die Schönheit und Wunder, in und um uns herum.

Jedes Lebewesen ist ein Wunder, die wunderschöne Flora und Fauna – Meere, Flüsse, Bäche, die unzählige Tiere und Pflanzen in unendlicher Vielfalt in ihrem Gewässer beherbergen ... Wie groß und vielfältig ist das alles, mit dem Verstand nicht zu erfassen, ohne die von Menschenhand geschaffenen Werke. Ich liebe diese wundervolle Schöpfung, von der ich ein Teil bin, aber auch eins bin mit allem was ist – und Du bist das auch.

Es lohnt sich, sich Zeit zu nehmen und einmal über diese Schöpfung nachzudenken. Man könnte hier Wunder über Wunder aufzählen, doch das bringt nicht viel, mache Dich lieber selbst auf die Suche und fange bei Dir an. Liebe die Schöpfung, das Wunder, das Du selbst bist. Dein Körper ist so gigantisch, ihn zu beobachten, wird Dich in Staunen versetzen, denn was bisher so selbstverständlich war, darf und kann man nun bestaunen, und das ist der Beginn, all die Wunder in und um uns herum wahrzunehmen und zu sehen.

Was uns trennt, ist der Gedanke, nicht so zu sein, wie man sein sollte! Ja ... wie soll ich denn sein? Was ist perfekt? Was ist normal? Was ist unnormal? Was ist zu groß, was ist zu klein? Was ist zu dick und was ist zu dünn? Was ist schön oder nicht schön? Alles ist relativ, aus der Sicht des Betrachters! Wenn jemand einen anderen nicht schön findet, woher kennt er denn den Unterschied zwischen schön und nicht schön? Hat er damit selbst ein Problem? Das kann man auf alles beziehen.

Die Gedanken von mir und anderen sind unterschiedlich, kommen aber jeweils aus mir oder aus ihm. Was ich also über andere denke, hat mit dem jeweils anderen nichts zu tun und umgekehrt, denn die Denkweise betrifft den, der denkt, und nicht den, über den gedacht wird. Das klingt schwierig und ist doch ganz einfach, wenn man sich selbst Gedanken darüber macht. Kurz: Das Gesagte, von wem auch immer, sollte man sich nicht zu Herzen nehmen, denn das ist eine Denkweise, mit der man selber nichts zu tun hat, also gehe freudig deinen Weg weiter und bedenke, auch bei Dir selbst, dass Deine Gedanken Deine sind und mit den anderen nichts zu tun haben. Lasse auch die anderen ihren Weg freudig weitergehen. Das zu verinnerlichen und umzusetzen ist ein großes Stück Freiheit, aber die Verinnerlichung ist erst mal ein schweres Stück Arbeit.

Doch Vorsicht: Das ist meine Denkweise! Viele möchten, dass die Welt sich um sie dreht, da gehöre ich auch dazu. Vielleicht hat das was mit unserer Kindheit zu tun, oder auch das ist nur eine Denkweise beziehungsweise wurde es uns so vorgelebt.

Was denken denn die Leute oder was sagen die Leute, wenn sie mich so sehen, so wie ich aussehe? In der heutigen Zeit, da wir auch körperlich vieles verändern können, versuchen wir uns anzupassen, damit wir den anderen gefallen beziehungsweise dem Trend entsprechen. Näher betrachtet wandern wir auf einer Schiene, die uns immer weiter von uns selbst entfernt und der Meinung der anderen Tür und Tor öffnet, vor allem der Modeindustrie, der Abnehmindustrie ... Alles, was mit Körperveränderung zu tun hat, boomt und sucht sich seines Gleichen, außer Nahrungsmittelindustrie und Pharmaindustrie, die dürften noch vor denen kommen. Dafür muss man sehr viel investieren an Geld, das zuerst verdient werden muss. Körperveränderungen sind schön und gut, aber was ist mit den Langzeitfolgen?

Hier mache ich mir so meine Gedanken bei so manchem Tattoo, wie sich das wohl im Laufe der Jahre verändern wird? Aber dabei sein ist alles, oder? Vielleicht hat das für die Person etwas mit ihrem Leben zu tun und man möchte Erinnerungen festhalten? Nun ja, letztendlich muss das jeder für sich selbst entscheiden. Siehst Du? Jeder muss und sollte sich für sich selbst und sein Leben entscheiden können. Können wir uns wirklich für unser Leben entscheiden, so wie wir es gerne hätten und auch leben möchten? In vielen Fällen geht das nicht, ich würde sogar sagen: in den allermeisten. Da sind Vorgaben, die man einhalten muss, um dazuzugehören. Zu was will ich denn gehören? Ich selbst bin ein wundervolles Menschenkind, das keiner *machen* kann, außer das Leben selbst. Woher kommen all diese

Vorgaben, die richtig sind? Was ist richtig? Ist es richtig, dass ein anderer über mich bestimmt, was für mich gut und nicht gut ist. Woher will er das wissen? Die vielen Gesetze wurden für uns alle gemacht, aber mich hat keiner gefragt, ob das für mich in Ordnung ist. Doch ich muss mich daran halten!

Im Übrigen war für mich von Kindheit an klar, dass ich keinem etwas wegnehmen, keinem wehtun werde, das musste mir niemand sagen. Das Vorleben war und ist auch so eine Sache für sich. Wie oft haben Erwachsene Launen, die kaum auszuhalten sind, ja, wenn man davon ausgeht, dass Kinder das sowieso nicht kapieren, dann frage Dich mal, wenn Du schlecht gelaunt bist, warum Dein Umfeld so komisch reagiert. Alles ist Schwingung. Wenn Du anderen Menschen begegnest oder in eine Räumlichkeit kommst, wo Du Dich unwohl fühlst, hast Du das sicher schon erlebt. Achte auf Deine Denkweise, denn nicht alles ist so, wie Du denkst. Wie oft hat man sich Sachen eingeredet beziehungsweise ausgedacht, die dann in keinster Weise so zutrafen, wie man es gedacht hat. Was geht da für eine Energie verloren – und manche schlechte

Laune war eigentlich nur heiße Luft! So kann ich mich gut daran erinnern, wie oft meine Mutter mir erzählte, dass sie wieder über vieles nachgedacht hatte und deswegen weinen musste, danach war sie körperlich so fertig, dass sie erst mal ein wenig schlafen musste. Was ging da für eine Energie für den Alltag verloren? Bedenken wir, dass unsere Eltern und Großeltern Menschen waren und auch heute noch sind, die Kriege erlebt und überlebt haben, daher traumatisiert sind und waren. Und wenn man als Kind diese Erlebnisse oft hört, fängt man auch an, über vieles nachzudenken.

Hier empfehle ich das Buch *Die vergessenen Generation* von Sabine Bode. Die Kriegskinder brechen ihr Schweigen. Unglaublich, wie lange Menschen brauchen, um das Erlebte wiederzugeben. Dieses Buch ließ mich vieles aus einer anderen Sicht betrachten beziehungsweise sehen. Vor allem Männer, die an der Front waren und somit auch Vorbilder für die nächste Generation wurden. Durch dieses Buch versteht man, dass viele nicht mehr fähig waren, Gefühle zu zeigen beziehungsweise zu leben. Das kann für viele Menschen im

Nachhinein einiges erklären. Es lohnt sich, dieses Buch zu lesen, um vieles auch in der eigenen Familie Geschehene, besser zu verstehe. Aber das Geschehene kann man nicht mehr rückgängig machen.

Ich habe lange gebraucht, um festzustellen, dass wir das nicht können. Den meisten Schmerz fügte ich mir selbst zu, durch Hadern mit dem Leben, mit Was-wäre-wenn-Fragen, wenn dies oder jenes anders gelaufen wäre. Wie anders hätte es denn sein sollen? Wie es ist, weiß man ja erst, wenn es passiert ist, und dann ist es nicht mehr zu ändern!

Das sind alles Prozesse des Lebens, vielleicht auch ganz wichtig für den Menschen, um dann, wenn er lange genug gesucht hat, heimzukehren in sein eigenes Haus. Es wird überall, auf der ganzen Erde, nur mit Wasser gekocht; wir leben alle unter dem gleichen Himmel, es regnet auf alle, das Leben macht keinen Unterschied zwischen Dir und mir. Aber dennoch sind wir, jeder auf seine Weise, anders, das sagt uns wie erwähnt schon unser Fingerabdruck. Kein Fingerabdruck gleicht dem anderen, nicht einmal bei Mehrlingsgeburten.

Wenn wir uns selbst respektieren, so wie wir sind, uns Achtung und Ehre entgegenbringen und jedem anderen gegenüber ebenfalls, sind wir auf einem guten Weg zum Frieden in uns. Wir sind zwar unterschiedlich, aber doch eins mit dem ganzen Leben, das ist in uns allen und somit unsere Verbindung. Alleine schon das Atmen ist eine Verbindung von Dir zu mir und zu allem, was ist.

Das Kaleidoskop des Lebens

Wir kommen noch einmal zu dem Kaleidoskop, das bereits erwähnt wurde. Der gleiche Inhalt führt bei der geringsten Bewegung zu einem anderen Bild. Mein größter Wunsch, auf diesem wundervollen Planeten Erde ist, dass wir alle begreifen, dass wir wundervolle Geschöpfe sind. Spüre, wie es sich anfühlt liebevoll zu Dir und anderen zu sein! Neid ist sinnlos. Wenn Du etwas möchtest, das ein anderer hat, dann trachte danach, dass Du es Dir selbst erarbeitest oder wie auch immer. Wenn man jemandem etwas wegnimmt, um sich zu bereichern, sollte man daran denken, dass man erntet, was man sät. Da sollte man in die Vergangenheit gehen und seine Saat anschauen, vielleicht erklärt sich dadurch so manches.

Heute betrachte ich alles als eine Lebenserfahrung, damit kann ich sehr gut umgehen und es wird alles leichter, als sich selbst zu verurteilen: *Hätte ich doch nicht, wäre ich doch nicht …* Es war wie es war, es ist wie es ist und es kommt wie es kommt. Denn es jedermann recht zu machen ist eine Kunst, die keiner kann (das ist ein Märchen von den Gebrüdern Grimm). Also fangen wir bei uns selbst an, lieben wir uns, achten wir uns und den anderen, ja, das ganze Leben. Alles was ist, ist Leben und voller Lebensenergie. Geben wir uns und dem Leben eine Chance, uns selbst als das zu entdecken, was wir in Wahrheit sind: wundervolle Geschöpfe des Lebens. Wir suchen und sehnen uns alle nach Liebe, lass sie uns leben, die Liebe, die in allem ist, das Leben selbst. Das Leben, das Du bist, das ich bin und alles was ist.

Geschenke im Überfluss

Es ist für unseren Verstand unvorstellbar und doch sollte man den Versuch unternehmen, einmal einen Apfelkern genau zu betrachten (Apfel deshalb, weil es die bekannteste Obstsorte ist). Er ist klein und doch so groß, denn bedenke: Jeder Kern trägt in sich den Samen eines Baumes. Der Kern in Deiner Hand birgt in sich die Möglichkeit von Zigtausenden von Äpfeln!

Es ist also aus meiner Sicht ein Wunder in Deiner Hand, nein, zwei Wunder: Deine Hand und der Kern. Wie kommen die Kerne in die Früchte? Wie ist es möglich, dass aus Kernen Bäume werden? Aus einem fliegenden Samenschirmchen ganze Wiesen voller Löwenzahn werden können, Gänseblümchen ohne Ende auf einer Wiese wachsen ... und so kann man das fortsetzen.

Ein Samen kann jahrelang irgendwo liegen – kommt Wasser hinzu, fängt er an zu keimen und zu wachsen. Beispiele gibt es dazu genug: Wüsten, in denen es lange nicht geregnet hat und wo plötzlich Regen fällt, werden in kurzer Zeit zu einem Blumenmeer. Wie geschieht so etwas? Es werden keine Maschinen gebraucht, es muss nicht gesät werden, vieles wächst in der Natur, ohne dass ein Mensch etwas dazu tut – aus meiner Sicht ist das wundervoll, geradezu gigantisch.

Wir werden überreich beschenkt, doch dafür haben die allermeisten Menschen den Blick verloren. Man könnte das jetzt alles in der ganzen Natur fortsetzen, egal ob Tiere, Menschen, Pflanzen, Berge, Täler, Meere, der Himmel mit seinen unzähligen Sternen, die Sonne, die uns wärmt, der Mond ... alles ist für alle da. Denn wir leben alle auf dem einen Planeten und atmen alle die gleich Luft, das Wasser ist für uns alle und alles was die Erde wachsen und gedeihen lässt, ist für alle – oder etwa nicht?

Verantwortung übernehmen

Nein, so ist es nicht! Die Meere werden immer leerer, die Luft immer mehr verschmutzt, der Regen immer saurer, durch die Luftverschmutzung, Felder werden nicht mehr angebaut, Tiere gezüchtet ohne Ende, Wasser wird verschwendet und zum Monopol gemacht. Am schlimmste finde ich es in Afrika, wo viele Menschen so gut wie kein Wasser haben, aber Golfplätze beregnet werden, wenn es sein muss Tag und Nacht, und Swimmingpools gefüllt werden, Kein Wunder, dass man dort hohe Zäune braucht, um sein Hab und Gut zu schützen. Wie wäre es mit Teilen?

Auch hier könnte man die Litanei endlos fortsetzen, aber das haben schon andere versucht, und es hat nichts gebracht. Warum? Weil die meisten Menschen Angst haben. Warum zieht man hohe Zäune? Warum hat man Bodyguards? Warum hat man kugelsichere Autos? Ja, warum wohl? Auch das ist nicht neu! Man stellte schon früher Burgen auf hohe Aussichtsplattformen, da ging es nicht um Aussicht, weil die Natur so schön war, sondern um die Weitsicht, darum zu erkennen, wann Gefahr drohte.

Wenn Du es anders siehst, was Dein absolutes Recht ist, dann ist das auch in Ordnung. Hier beginnt alles, die Freiheit des Denkens und die Freiheit so zu leben, wie man es möchte. Natürlich auch die Verantwortung für das, was man tut, zu übernehmen! Also nicht nur die armen Leute haben Angst, auch die reichen Leute haben Angst, und die brauchen die Armen, um sie zu beschützen.

Wie wäre es, wenn alles gerecht wäre? Solange Waffen für den Frieden produziert werden, gibt es Krieg. Frieden braucht keine Waffen, wo Frieden ist, ist Gleichheit, wo Gleichheit ist, ist Wertschätzung, wo Wertschätzung ist, ist Selbstachtung, wo Selbstachtung ist, ist Liebe! Liebe beginnt bei Selbstliebe, das kann man gar nicht oft genug wiederholen. Ganz gleich, welches Aussehen oder welche Herkunft, welche Religion und welchen Namen wir tragen: Wir sind Geschöpfe des Lebens.

Die Politiker in allen Ländern der Erde lassen sich vom Volk als Stellvertreter wählen, mit vielen Versprechungen, *so wahr mir Gott helfe* bei der Vereidigung mit der Hand auf der

Bibel. Man bedenke: Wir haben ihnen die Macht eingeräumt, mit einem Kreuz über uns zu herrschen und uns, unsere Kinder oder Enkelkinder in den Krieg zu schicken, uns zu enteignen und Bestimmungen zu erlassen, denen wir uns beugen müssen. Gesetze werden gemacht, aber Religion und Staat selbst halten sich oft nicht daran, doch von den Untertanen wird Gehorsam erwartet. Viele glauben das nicht, doch heute, da wir überall Zugriff haben, um Informationen zu bekommen, kann man sich selbst ein Bild machen, wenn man es möchte. Auch hier gilt wieder Eigenverantwortung!

Das Leben ist gigantisch jedoch für unseren Verstand oft nicht realisierbar, denn durch unsere Sinne nimmt er auf was er sieht, hört, schmeckt, fühlt und diese Erinnerungen setzt er dann ein, wenn er es braucht. Daraus ergeben sich dann Zusammenhänge für unseren Verstand und daraus wieder Reaktion, auf eine Aktion reagiert unser Verstand also mit einer Reaktion aus seiner Programmierung, sprich: aus der Vergangenheit. Wenn ich also immer wieder das Gleiche erlebe, reagiert man irgendwann automatisch, ohne noch lange darüber nachzudenken. Daraus wir dann eine Gewohnheit. Man stelle sich vor: Wenn ein Mensch jahrelang das Gleich tut, ganz egal, was es ist, wird das zur Gewohnheit, man tut also etwas, worüber man sich keine Gedanken mehr macht. Man nennt das auch *automatisches Handeln*.

Doch nicht jeder gleicht dem anderen, das haben wir ja schon festgestellt (siehe Fingerabdruck). Für mich heißt das: Deine Gewohnheiten sind nicht meine und meine nicht Deine. Ist unter diesen Umständen Frieden überhaupt möglich? Ja, er ist machbar, wenn der Mensch dazu bereit ist. Wenn Kinder nur Frieden erleben, geben sie auch nur Frieden weiter. Kinder, die Krieg und Streit erleben, geben diese Erfahrung weiter. Denn alle Erfahrungen werden so weitergegeben, wie man sie gelernt beziehungsweise vorgelebt bekommen hat; vielleicht aber auch nicht! Denn wenn man als Kind ausgeschimpft wird, fühlt sich das doch irgendwie anders an, als ein liebevolles Wort, dafür hat ein kleines Kind, man kann fast sagen *von Anfang an*, ein Gespür und eine passende Reaktion: es lächelt oder es weint. Ein kleines Kind ist sehr geräuschempfindlich und die meisten Kinder weinen, wenn sie erschrecken. Kinder spüren die Stimmung der Eltern, so wie die Eltern die Stimmung ihrer Kinder spüren.

Brauchen wir vielleicht mehr Mut, um zuerst zu uns selbst zu stehen und zu sagen, wie es in uns aussieht, ohne Angst zu haben, dass wir für unsere Empfindungen, gleich welcher Art, zurechtgewiesen oder ausgelacht werden? Ist das so ohne Weiteres in unserer heutigen Gesellschaft machbar? Wie kann man authentisch Leben, also so sein, wie man ist? Ganz viele Menschen leben so, wie man es von außen erwartet, man passt sich an.

Wenn ich jahrelang das Gleiche tue, handle ich irgendwann automatisch, das haben wir ja schon erwähnt, doch wer bin ich dann? Dann bin ich ein Gewohnheitsmensch. Bin ich dann ich? Spätestens, wenn man sich diese Frage stellt, fängt man vielleicht an, sein eigenes Ich zu suchen. Da beginnt eine Suche nach der eigenen Identität: *Wer bin ich wirklich?* Bin ich wirklich dieser Mensch, der alles macht, um geliebt zu werden? Was ist, wenn ich *Nein* sage? Was passiert dann? Weißt Du was? Probiere es aus! Wie viele haben zu Dir schon *Nein* gesagt … und die Welt ist davon nicht untergegangen. Wenn heute nicht Dein Tag ist, sage es, doch denke auch daran, das anderen ebenfalls zuzugestehen. Wenn wir alle miteinander so umgehen würden, wie viele Probleme wären dann schon vom Tisch.

Alleine schon die hormonellen Schwierigkeiten als Frau: Wenn eine Mutter das schon früh ihrem Sohn erklärt, dann ist das für ihn eine ganz normale Sache und er weiß Bescheid. Wenn eine Frau dann sagt, dass es ihr gerade nicht so gut geht, hat er dafür Verständnis, weil es ihm so vorgelebt wurde.

Das Vorleben

Wir alle sind Spiegelbilder, ganz gleich wer oder was wir sind. Wir sind Lehrer und Lernende, egal wie jung oder alt. Wir alle, ganz gleich wo und was wir sind, leben auf demselben Planeten, unter dem gleichen Himmel und wir atmen die gleiche Luft. Das Einzige, was uns trennt, ist unsere Denkweise! Rund sieben Milliarden Menschen leben auf diesem Planeten, allein das ist schon gigantisch und für unseren Verstand nicht zu erfassen, aber es ist so.

Alle Menschen sind Geschöpfe des Lebens. Nehmen wir nun die gesamte Schöpfung, müsste uns spätestens hier ein Licht aufgehen, welch großes Wunder wir sind und alles, was ist. Wie viel wurde von der Wissenschaft schon erklärt, dann wieder verändert, um neu zu definieren. Kann man das Leben überhaupt so erklären, dass man es versteht?

Wie oft habe ich Menschen Fragen gestellt, beim genaueren Hinhören jedoch erkennen müssen: *Das kann nicht die Antwort sein.* Noch einmal genauer nachgefragt, ist es mir sehr oft passiert, dass man entweder jetzt keine Zeit mehr hatte oder ich zu dumm war, um zu kapieren. Ich denke, es ist klar, was ich damit meine: Wahrscheinlich kann man es meist deshalb nicht erklären, weil man es selbst nicht genau weiß; solange der Erklärende das Gefühl hat, er sei intelligenter als der Zuhörende, geht alles gut, doch sobald man eine gezielte Frage stellt, die er nicht beantworten kann, wird er unsicher und oft auch unverschämt.

Achtung: Wenn Dir das passiert, dann mache Dir klar, dass das nichts mit Dir zu tun hat, das ist seine Unsicherheit und nicht Deine. Wenn Du so etwas bemerkst, dann gieße kein Öl ins Feuer, sondern denk Dir Deinen Teil und geh oder wechsle das Thema, denn in den allermeisten Fällen verlieren hier die Menschen die Kontrolle über sich selbst. Wie einfach wäre es hier zu sagen: *Komm, wir suchen, ob wir noch eine andere Erklärung finden, so genau weiss ich es nun auch nicht!*

Na, wie einfach ist doch alles! Aber wer will denn schon vor anderen dastehen und sich die Blöße geben zuzugeben, dass man etwas nicht weiß. Ich mache das und so lebt es sich viel leichter. Denn wenn ich mit anderen nach einer Antwort suche, auf etwas, das ich nicht weiß, ist es gigantisch, was auf diesem Weg so alles erfahrbar wird und ist. Es lohnt sich zu sagen: *Ich weiss es nicht genau, lass uns nach einer Antwort suchen.* Das verbindet, Besserwisserei und keine Fehler zugeben, das trennt! Wie viele gute und langjährige Freundschaften und Ehen sind daran zerbrochen, viele Familien sind dadurch manchmal über Generationen zerstritten und es werden Kriege geführt. Wie einfach wäre es dabei, eine gemeinsame Lösung zu finden!

Bedingungslose Liebe

Die bedingungslose Liebe nimmt das Leben, wie es ist. Doch bedingungslose Liebe wird von Menschen, die sie nicht verstehen, oft ausgenutzt. Schade. Wenn diejenigen nur wüssten, um was sie sich hier selber bringen.

Bedingungslos lieben heißt *Hingabe an das Leben selbst.* Diese Worte sind ganz großes Kino, das weiß ich, aber ganz einfach in der Handhabung: *Geben ohne zu erwarten!* Probiere es aus! Das ist die einfachste Art festzustellen, ob das stimmt oder nicht. Das ist generell die beste Lösung: so viel als möglich selbst auszuprobieren, dann weiss man, ob es so ist oder nicht. Wer es nicht probiert, weiß auch nicht, ob es funktioniert. Das ist meine Devise. Eins habe ich dabei festgestellt. Es gibt mehr heiße Luft als Wahrheit. Vorsicht, ich sage nicht *alles!* Auch hier ist es wieder wichtig, sich seine eigenen Gedanken zu machen und freie Endscheidungen zu treffen, denn dieses Recht hat ein jeder Mensch.

Das Überangebot

Auch das ist in der heutigen Zeit mit ihrem Überangebot von Informationen nicht einfach. Heute so und morgen so! Aber genau hier sind wir sehr konditioniert, wir möchten keine Veränderung. Aber das geht nicht, denn alles ist ständige Veränderung. Aber das muss unser Verstand erst mal verstehen, dann geht es auch. Alles ist ständige Veränderung und so ist es. Aus Samen und Ei wird Vereinigung, wird mit einer Hochgeschwindigkeit von Teilen der Zellen ein Körper, ständiges Wachstum bis zur Geburt. Das Kind wird geboren und es wächst tagtäglich. Der Mensch fängt an zu wachsen, tasten, saugen, lutschen, sehen, hören, sitzen, krabbeln, gehen, sprechen, die Umwelt wahrzunehmen, nachzuahmen ... Jeden Tag lernen wir Neues hinzu. Unser Gehirn verarbeitet, bearbeitet, behält Erinnerungen ... Welch großartiges Werk hat das Leben hier getan, und das können wir alle in uns selbst, durch uns selbst nachvollziehen. Ich erzähle keine Märchen, sondern das ist die Wahrheit: Welch ein gigantisches Schöpfungswerk wurde hier vollbracht und das seit tausenden von Jahren und immer wieder aufs neue. Ich nenne es *Gott*, der alles ist und in allem ist Dein und mein Leben und das Leben von allem was ist. Schaue Dich an und ganz bewusst Dein Umfeld, die Natur, ja alles, nimm alles einmal ganz bewusst wahr – wie empfindest Du Dich und alles was ist? Vielleicht sieht man das Leben dadurch ganz anders als bisher und es eröffnet einem eine ganz andere Sichtweise. Das bewusste Sein liegt in uns selbst, der Weg führt vom Verstand zum Herzen.

Das Herz, der Motor des Lebens, dem wir meistens erst dann Aufmerksamkeit schenken, wenn es nicht mehr so will, wie wir es gerne hätten. Fangen wir an unserem Körper unsere Aufmerksamkeit zu geben und ihm für alles, was er kann und macht, erträgt und aushalten muss – man denke hier an die vielen Gefühle, die er ertragen muss, das oft Vernichtende, das wir mit uns selbst veranstalten, weil wir nicht so sind wie andere es gern hätten – zu lieben und ihm zu danken.

Jetzt ist jeder Mensch gefragt mit sich selbst ins Reine zu kommen, wenn ihm bewusst wird, was er für ein herrliches Geschöpf ist, ein Gotteskind, erschaffen durch das Leben. Still werden und nach innen lauschen, wahrnehmen, was unser Körper alles kann. Das ganz bewusst alles einmal beobachten, einmal sich selbst mit allen Sinnen wahrnehmen, einmal sich vor einen Spiegel stellen und sich liebevoll betrachten, allein schon die Tatsache, dass das machbar ist, es mit eigenen Augen zu sehen, das ist schon ein ganz großes Wunder. Wenn wir beginnen, die Herrlichkeit der Schöpfung in uns selbst wahrzunehmen, erkennen wir sie auch in allem anderen.

Tragen wir nicht alle in unseren Herzen die große Sehnsucht nach Liebe? Für mich fühlt es sich wie Heimweh an. Wenn wir uns selbst lieben, achten und uns als das sehen, was wir sind – Geschöpfe des Lebens, ein Wunder – dann kommen wir auf den richtigen Weg, nach Hause zu uns selbst. Mein Gegenüber ist meine Schwester, mein Bruder, und so wie ich zu ihm bin, so bin ich zu mir, denn das Leben ist in allem, was ist.

Du bist Liebe, ich bin Liebe, lass sie uns leben! Liebe vereint, Liebe macht stark, Liebe heilt, Liebe verbindet, Liebe gibt, Liebe nimmt, Liebe erwartet nichts, denn sie ist sich selbst genug, Liebe hört nie auf.

Seit meiner Kindheit trage ich in mir diese wunderbare tiefe innige Liebe zu allem, was ist. Zeitweise dachte ich, ich hätte sie verloren, doch heute weiß ich: Sie war immer und wird es auch immer sein und ich bin Du und diese Liebe verbindet alles. Die wenigsten glauben daran, ich jedoch weiß es.

Von da an, da Du Dir selbst Liebe und Achtung entgegenbringst, wirst Du auch von Deinem Umfeld so behandelt!

Du bist Liebe. Lebe sie!

Gedankenwelt

Herzlich, herzlos,
unverschämt, moralisch,
arbeitswütig, lustlos,
freudig, übelst gelaunt,
kein Wissen, besserwissen,
freigiebig, geizig,
fröhlich, traurig,
hinnehmend, verurteilend,
Ja sagen, Nein meinen,
heute lieben, morgen hassen,
wollen und doch nicht wollen,
haben und doch nicht haben,
ich möchte, ich möchte nicht,
suchend, findend,
vergessen, um erneut zu suchen,
vergleichen, verurteilen,
erst besitzen, dann Überfluss,
erst haben wollen, dann Überdruss,
himmelhochjauchzend zu Tode betrübt,
Krieg und Frieden in der eigenen Gedankenwelt,
wir erwarten von anderen,
was wir nicht zähmen können in unserer Welt.
Die Schöpfung war schon,
bevor wir anfingen zu denken,
auch wir konnten uns nicht erschaffen,
wir wurden erschaffen,

wer bin ich, das ich meine Gedanken nicht zähm?
Tief in mir ist Frieden und Liebe,
die Sonne der Mond und die Sterne –
himmlische Gaben,
Gedanken über Gedanken empfind ich als Plagen.
Sei still und höre die Stimme des Herzens,
beginne die Wunder der Liebe zu sehen,
weise deine Gedanken in Schranken
und das Wunder der Liebe ist geschehen.
Vorbei die Wahl, denn es gibt nur Einen,
den Schöpfer der Wunder,
nur er hat alleine die Macht des Seins,
denn durch ihn ist die ganze Schöpfung
und mit ihm sind wir alle eins.
Gedanken kommen und gehen,
die Wunder der Schöpfung bleiben bestehen.
Sei du Herr in Deinem Haus,
was Du nicht brauchst, schmeiß es hinaus,
säubere Deine Gedankenwelt,
dann bist Du der größte Held.
Vergiss nicht, jeder trägt seine Gedankenlast,
gib jedem die Freiheit zu wählen in seiner Welt,
dann kommt die Zeit,
wo alles sich neigt,
dem Schöpfer des Seins,
dann sind wir alle in göttlicher Liebe vereint.

Du bist der König

Du bist der König in deinem Leben,
niemand hat Dir was kundzugeben.
Du bist des Schöpfers Kind
und alle, die hier auf Erden sind.

Die Macht ist Dein,
hol sie zurück,
keiner hat zu bestimmen Dein Glück,
bestimme Dein Sein mit unendlicher Liebe,
dann bist Du frei von innerem Kriege.

Du bist der König,
Du hast die Macht,
das Glück hast Du Dir selbst gebracht.

Ein jeder ist König in seinem Leben,
das Herz ist voll Liebe,
Liebe und Freude am Geben und Nehmen.

Bei Dir bin ich zu Hause

Bei Dir bin ich zu Hause,
nichts kann uns mehr trennen,
meine Seele jubelt und mein Herz wird weit,
ich suchte Sicherheit und fand viel Leid,
ich wollte lieben und geben,
doch keiner verstand mein Tun,
nun darf ich wieder in der Allliebe ruhen.

Die Wege waren schwer,
die meine Gedanken mir zeigten.
Doch ich war nicht allein,
auch durfte ich für viele Begleiter sein.

Ich rufe Dir zu: Gehe einfach weiter!,
denn Gott ist unser stiller Begleiter,
bis der Zeitpunkt ist da,
wo er dir sagt,
ich bin bei dir,
gestern und heute und an jedem Tag.

Die Schöpfung

Das Absolute in allem was ist,
mit dem Verstand nicht zu erfassen,
er nur vom Spiegelbild lebt.

Die Schöpfung ist unbeschreiblich schön,
das Sichtbare nicht erklärbar,
das Unsichtbare nicht fassbar,
für den Verstand nicht erkennbar.

Wo fing diese Herrlichkeit der Schöpfung an?
Sein aus dem Nichts,
das Licht, die Natur, der Mensch,
was für ein wunderbarer Schöpferplan.

Wer kann es erklären,
sodass ich es versteh,
dann sieh genau hin, alles ist da,
wir selbst sind das Leben, sag einfach Ja!

Beginne bei Dir, die Antwort zu suchen,
wie entstand ich, woher komme ich, wo will
ich hin,
so wirst Du eins mit allem was ist,
das ist Dein Weg vom Schatten zum Licht.

Liebe

Du bist Liebe, ich bin Liebe, alles ist Liebe,
ganz gleich wer DU bist,
alles ist Liebe vergiss es nicht.
Liebe ist ohne jegliche Wünsche,
ganz gleich wo Du bist.

Alles ist Leben und Leben ist Liebe
man hat es vergessen durch Gier und durch
Triebe,
suche in Deinem Herzen, bei Dir fange an,
Wunderbares hat sich getan,
keiner hat eine Ahnung davon,
bis das neue Leben man spürt,
hat die Liebe schon große Dinge vollführt.

Die Liebe im Sichtbaren, wie wunderschön,
erschaffen aus nichts, wer kann es schon sehen,
und doch ist sie da, in allem was ist,
auch Du bist Liebe, vergiss es nicht.
Liebe wird sichtbar durch Dich und durch
mich,
lass sie uns leben, denn dann wird es Licht.

Die Reise zum ICH

Unendlich die Reise nach Hause sich zieht,
zum eigen ICH.
Glückseligkeit im Außen man sucht,
vergeblich denn DU bist nicht ICH.

Viel Mühe im Denken und Tun man versucht,
vieles umsonst stellt sich später heraus,
das Empfinden des anderen ist nicht Dein
Tun,
sondern jeder geht für sich seinen Weg nach
Haus.

Das Glück suchtest DU im Außen vergebens,
Schönheit oft blendet und kurz nur gewährt,
den Alltag mit Höhen und Tiefen zu leben,
fordert viel Kraft und Mut,
aber am Ende sich letztlich bewährt.

Der Versuchung mit aller Kraft zu begegnen,
geht oft weit über die Grenzen hinaus,
doch nur so erkennt man den Weg zum ICH,
mit vielen Umwegen verbunden
ist die Reise nach Haus.

Wenn endlich angekommen DU bist in Deinem Leben

zu Hause in deinem eigenen ICH,
ist Glückseligkeit der Lohn
der langen Reise zur Dir, nach Hause zum
ICH.

Jedes Neugeborene brachte und bringt die
Botschaft der bedingungslosen Liebe mit,
denn kein Lebewesen dieser Erde ist nach der
Geburt so hilflos wie ein Menschenkind.

Zeitfracht Medien GmbH
Ferdinand-Jühlke-Straße 7
99095 Erfurt, Deutschland
produktsicherheit@kolibri360.de